BEI GRIN MACHT SICH WISSEN BEZAHLT

- Wir veröffentlichen Ihre Hausarbeit, Bachelor- und Masterarbeit

- Ihr eigenes eBook und Buch - weltweit in allen wichtigen Shops

- Verdienen Sie an jedem Verkauf

Jetzt bei www.GRIN.com hochladen und kostenlos publizieren

Bibliografische Information der Deutschen Nationalbibliothek:

Die Deutsche Bibliothek verzeichnet diese Publikation in der Deutschen Nationalbibliografie; detaillierte bibliografische Daten sind im Internet über http://dnb.d-nb.de/ abrufbar.

Dieses Werk sowie alle darin enthaltenen einzelnen Beiträge und Abbildungen sind urheberrechtlich geschützt. Jede Verwertung, die nicht ausdrücklich vom Urheberrechtsschutz zugelassen ist, bedarf der vorherigen Zustimmung des Verlages. Das gilt insbesondere für Vervielfältigungen, Bearbeitungen, Übersetzungen, Mikroverfilmungen, Auswertungen durch Datenbanken und für die Einspeicherung und Verarbeitung in elektronische Systeme. Alle Rechte, auch die des auszugsweisen Nachdrucks, der fotomechanischen Wiedergabe (einschließlich Mikrokopie) sowie der Auswertung durch Datenbanken oder ähnliche Einrichtungen, vorbehalten.

Impressum:

Copyright © 2008 GRIN Verlag, Open Publishing GmbH
Druck und Bindung: Books on Demand GmbH, Norderstedt Germany
ISBN: 9783640591022

Dieses Buch bei GRIN:

http://www.grin.com/de/e-book/148475/marketing-und-non-profit-organisationen

Ina Baaken

Marketing und Non-Profit-Organisationen

GRIN Verlag

GRIN - Your knowledge has value

Der GRIN Verlag publiziert seit 1998 wissenschaftliche Arbeiten von Studenten, Hochschullehrern und anderen Akademikern als eBook und gedrucktes Buch. Die Verlagswebsite www.grin.com ist die ideale Plattform zur Veröffentlichung von Hausarbeiten, Abschlussarbeiten, wissenschaftlichen Aufsätzen, Dissertationen und Fachbüchern.

Besuchen Sie uns im Internet:

http://www.grin.com/

http://www.facebook.com/grincom

http://www.twitter.com/grin_com

Seminararbeit im

Schwerpunktfach Marketing

vorgelegt an der

Fachhochschule für Oekonomie und Management

Standort Neuss

Studiengang Wirtschaft

von

Ina Baaken

5. Studiensemester

über das Thema

Marketing und Non-Profit-Organisationen

Neuss, 13. November 2008 (WS 2008/09)

Inhaltsverzeichnis

Inhaltsverzeichnis I
1. Einleitung 1
    1.1. Problemstellung 1
    1.2. Ziel der Arbeit 1
    1.3. Vorgehensweise 1
2. Grundlagen 1
    2.1. Definition und Abgrenzung Marketing 1
    2.2. Definition und Abgrenzung Non-Profit-Organisation 3
    2.3. Definition und Abgrenzung Non-Profit-Marketing 5
3. Marketing-Ziele der Non-Profit-Organisationen 6
    3.1. Ressourcenziele 6
    3.2. Leistungsziele 8
    3.3. Kommunikationsziele 8
4. Marketing-Methoden der Non-Profit-Organisationen 9
    4.1. Personalpolitik (People) 9
    4.2. Leistungspolitik (Performance) 12
    4.3. Preispolitik (Price) 14
    4.4. Umfeldpolitik (Politics) 15
    4.5. Vertriebspolitik (Place) 15
    4.6. Kommunikationspolitik (Promotion) 16
5. Fazit/Ausblick 17

Anhang III

Literaturverzeichnis III

Tabelle 1: Der dritte Sektor in Deutschland 1995 V

Abbildung 1: Leistungskatalog der Ergotherapeutischen Abteilung der
Oberlinklinik gGmbH, Potsdam-Babelsberg VI

Abbildung 2: Stellenanzeige des Malteser Hilfsdienstes e.V. Köln für ehrenamtliche
Mitarbeit VII

Abbildung 3: Beispiele für Medienwerbung von NPO VIII

1. Einleitung

1.1. Problemstellung

Unter „Non-Profit-Organisationen" werden im Allgemeinen Organisationen verstanden, deren Grundlage nicht wirtschaftliches im Sinne von gewinnorientiertem Handeln ist, sondern die für das „Allgemeinwohl" arbeiten. Marketing als Maßnahme privatwirtschaftlicher (also gewinnorientierter) Unternehmen wird dabei oft mit einer „Kommerzialisierung" der Non-Profit-Organisation gleichgesetzt[1].

1.2. Ziel der Arbeit

Ziel der Arbeit ist die Darstellung der Inhalte, Notwendigkeit und Ziele von Marketing für Non-Profit-Organisationen (NPO) sowie die zur Erreichung dieser Ziele genutzten Instrumente.

1.3. Vorgehensweise

Zunächst werden als Grundlage der Arbeit die Begriffe Marketing und Non-Profit-Organisation sowie Marketing für Non-Profit-Organisationen definiert und abgegrenzt. Im weiteren Verlauf befasst sich die Arbeit mit den Zielen des Marketings für Non-Profit-Organisationen und den zur Erreichung dieser Ziele genutzten Instrumenten. Zum Abschluss werden die zukünftigen Entwicklungen im Non-Profit-Marketing dargestellt.

2. Grundlagen

2.1. Definition und Abgrenzung Marketing

Im allgemeinen Verständnis wird Marketing mit der Werbung für und dem Verkauf von Produkten verbunden[2]. Dies entspricht im Wesentlichen der ursprünglichen „Gleichsetzung von Marketing mit Werbung, Verkauf bzw. Distribution"[3] zu Beginn des 20. Jahrhunderts, vernachlässigt dabei aber, dass Marketing in seiner heutigen Interpretation weit mehr umfasst als bloße Absatzpolitik. Im Laufe seiner Entwicklung und Verbreitung wandelte und erweiterte sich das Marketingverständnis vom reinen Absatzinstrument zu Beginn des 20. Jahrhunderts in verschiedenen Phasen um die Aspekte der Verbraucher-, Handels- und Wettbewerbsorientierung sowie um die Orientierung an den

---

[1] vgl. (Bruhn, 2005 S. 66)
[2] vgl. (Kotler, et al., 2002 S. 26)
[3] (Meffert, et al., 2008 S. 9)

ökologischen, legalen und sozialen Bedingungen und Anpassung an den technischen Fortschritt[4].

Die American Marketing Association (AMA) definierte Marketing im Jahr 2007 wie folgt:

> "Marketing is the activity, set of institutions, and processes for creating, communicating, delivering, and exchanging offerings that have value for customers, clients, partners, and society at large."[5]

Marketing umfasst demzufolge alle Aktivitäten, Institutionen und Prozesse zur Schaffung, Kommunikation, dem Vertrieb und Austausch von Angeboten, die für Kunden, Klienten, Partner und die Gesellschaft insgesamt von Nutzen sind. Diese generische Interpretation des Marketings ist gleichzeitig die weiteste Definition der Entwicklungsgeschichte[6] und versteht „Marketing als ein universelles Konzept der Beeinflussung und als Sozialtechnik […], die sich auf alle Austauschprozesse zwischen Individuen und Gruppen anwenden lässt"[7]. Diese Austauschprozesse dienen der Befriedigung von Wünschen und Bedürfnissen sowohl von Anbieter- als auch von Nachfragerseite[8].

Konkret umgesetzt werden diese Prozesse im „Marketing-Mix", der die Strategien des Marketings bezogen auf den Zielmarkt in Aktionen umsetzt. Sie werden im Konsumgütermarketing als die „4 P's" bezeichnet:

(1) Product (Produktpolitik)
(2) Price (Preispolitik)
(3) Place (Distributionspolitik)
(4) Promotion (Kommunikationspolitik)

Im Dienstleistungs-Marketing haben die „4 P's" eine Erweiterung auf „7 P's" erfahren:

(5) Process (Prozessmanagement)
(6) People/Persons (Personalpolitik)
(7) Physical Facilities (Ausstattungspolitik)

---

[4] vgl. (Meffert, et al., 2008 S. 7 ff.)
[5] (American Marketing Association, 2007)
[6] vgl. (Meffert, et al., 2008 S. 10)
[7] ebd.
[8] vgl. (Kotler, et al., 2002 S. 33 f.)

Für weitere Managementformen wurden diese inzwischen auf bis zu 30 verschiedene Funktionen erweitert[9].

2.2. Definition und Abgrenzung Non-Profit-Organisation

Der Begriff „Non-Profit-Organisation" ist im deutschen Sprachgebrauch zwar allgemein bekannt, in der Regel allerdings nicht eindeutig, sondern im Gegenteil sehr unterschiedlich interpretiert[10]. Als zentrales Abgrenzungskriterium gegenüber erwerbswirtschaftlichen Unternehmen gilt die „untergeordnete Bedeutung des Gewinnziels innerhalb der organisationalen Ziele"[11]. Diese organisationalen Ziele oder „Missionen" sind beispielsweise die ärztliche Versorgung der Zivilbevölkerung in Kriegsgebieten und nach Naturkatastrophen (Ärzte ohne Grenzen), die Grundversorgung mit Hörfunk und Fernsehen (öffentlich-rechtliche Rundfunkanstalten), „Schutz der Lebensgrundlagen" (Greenpeace), Notfall- und Katastrophenhilfe (Hilfsorganisationen).

Weder im allgemeinen noch im politischen, rechtlichen oder ökonomischen Sprachgebrauch existiert für die Einrichtungen des Non-Profit-Sektors eine einheitliche Bezeichnung. Darüber hinaus wird „das Attribut ‚Nonprofit' mitunter sowohl für den öffentlich-rechtlichen als auch für den privatwirtschaftlich-gemeinnützigen Bereich gebraucht"[12]. Weiterhin verwandte, aber wie „Non-Profit" hauptsächlich wissenschaftlich genutzte Begriffe sind „intermediärer Sektor" oder „Dritter Sektor"[13]. Daraus resultiert im Gegenteil eine große Bandbreite von Ausdrücken, die jeweils nur einen Teil der Organisationen umfassen. Die geläufigen Begriffe beziehen sich eher auf die Tätigkeit oder Organisationsform, lassen aber deutliche Überschneidungen bei den darin ein- bzw. den davon ausgeschlossenen Einrichtungen zu. Hierzu zählen zum Beispiel die „Vereine" und „Verbände", „Stiftungen", der „gemeinnützige Bereich", „gemeinwirtschaftliche Unternehmen" und „Organisationen ohne Erwerbszweck"[14].

Die deutsche Geschichte des 19. und 20. Jahrhunderts hat zu einer „politisch-institutionelle[n] Kompromißstellung"[15] des Non-Profit-Sektors geführt, die im Wesentlichen aus der Vermischung verschiedener neuer und alter Gesellschaftselemente wie

---

[9] vgl. (Meffert, et al., 2008 S. 22)
[10] vgl. (Anheier, et al., 1999 S. 6)
[11] (Bruhn, 2005 S. 33)
[12] (Anheier, et al., 1999 S. 20)
[13] vgl. ebd.
[14] vgl. (Anheier, et al., 1993 S. 1)
[15] (Anheier, et al., 1999 S. 20)

den freiwilligen Vereinigungen und Körperschaften des öffentlichen Rechts mit den Zünften, Gilden und kirchlichen Stiftungen resultiert[16].

Wesentlich für die Ausgestaltung des deutschen Non-Profit-Sektors sind die drei Prinzipien der Subsidiarität, Selbstverwaltung und Gemeinwirtschaft, die zu unterschiedlichen Anteilen jeweils einen Teil des Non-Profit-Sektors prägen[17]. Der größte Anteil kommt hier dem Subsidiaritätsprinzip zu, das auf Grund seiner Verankerung in der deutschen Sozialgesetzgebung ein „ökonomisches Fundament des deutschen Nonprofit Sektors"[18], insbesondere für die sozialen Dienste und damit verbunden auch dem Gesundheitswesen, darstellt. Das Prinzip der Selbstverwaltung, also der Übertragung von Verwaltungsaufgaben an juristische Personen, betrifft im Wesentlichen die kommunale Selbstverwaltung der Gemeinden, aber z. B. auch Berufskammern (z. B. Ärzte-, Handwerks-, Handelskammer), Universitäten, öffentlich-rechtliche Rundfunkanstalten und Sozialversicherungsträger, um den jeweiligen Einrichtungen eine eigenverantwortliche Gestaltung zu ermöglichen[19]. Das Gemeinwirtschaftsprinzip beeinflusste vor allem nach dem zweiten Weltkrieg die Entstehung des Wohnungs- und Genossenschaftswesens, die sich seit den 1980er Jahren jedoch stark dem kommerziellen Sektor angenähert haben[20].

Dominiert wird der Non-Profit-Sektor in Deutschland von den Bereichen Gesundheitswesen und Soziale Dienste, die sowohl den höchsten Anteil an Beschäftigten als auch die höchsten Einnahmen erzielen. Weitere Bereiche sind z. B. Bildung und Forschung, Kultur und Freizeit, Umwelt und religiöse Gemeinschaften[21].

Die Finanzierung der NPO erfolgt nicht immer über direkte Gegenleistungen (z.B. als Nutzungsgebühren wie z. B. Rundfunkgebühren, Eintrittsgeldern usw.), sondern zum großen Teil auch über Spenden, Mitgliedsbeiträge, Steuern und Zuschüsse.

Sehr allgemein lässt sich die NPO wie folgt beschreiben:

> „Eine Nonprofit-Organisation ist eine nach rechtlichen Prinzipien gegründete Institution (privat, halb-staatlich, öffentlich), die durch ein Mindestmaß an formaler Selbstverwaltung, Entscheidungsautonomie und Freiwilligkeit gekennzeichnet ist

---

[16] vgl. ebd.
[17] vgl. (Anheier, et al., 1993 S. 2)
[18] (Anheier, et al., 1999 S. 23)
[19] vgl. (Meyers Lexikon online, 2008)
[20] vgl. (Anheier, et al., 1999 S. 23), (Anheier, et al., 1993 S. 7)
[21] vgl. Tabelle 1

und deren Organisationszweck primär in der Leistungserstellung im nichtkommerziellen Sektor liegt."[22]

Eine zu Beginn der 1990er Jahre durchgeführte Studie der Johns Hopkins University in Baltimore, U.S.A. zeigte im Vergleich von zwölf Staaten, darunter neben den U.S.A. und Großbritannien auch Deutschland, Frankreich und Italien als Repräsentanten Kontinentaleuropas sowie Japan und verschiedene Entwicklungs- und Schwellenländer, dass Entwicklung und Ausgestaltung des Non-Profit-Sektors international keineswegs einheitlich gestaltet sind. Diese sind u.a. abhängig vom angewandten Rechtssystem, dem Entwicklungsstand und dem Zentralismus der untersuchten Länder.[23]

2.3. Definition und Abgrenzung Non-Profit-Marketing

Auf Grund der Besonderheiten von NPO gegenüber den Unternehmen der privaten Wirtschaft lassen sich die Instrumente des klassischen Marketings nicht ohne weiteres auf den Non-Profit-Sektor übertragen. Insbesondere zu beachten sind die Unterordnung des Gewinnziels unter die Mission der NPO sowie die Tatsache, dass NPO häufig nicht „Kunden" im wirtschaftlichen Sinne ansprechen, sondern Leistungsempfänger, Kostenträger, Spender oder Mitglieder. Ebenso agieren sie häufig nicht auf „Märkten" im klassischen Sinne, da die Preisgestaltung im Wesentlichen nicht durch Angebot und Nachfrage entsteht, sondern durch politische Vorgaben oder soziale Überlegungen geprägt ist. Aus diesem Grund schlagen Schwarz et al. die Anpassung des klassischen Marketing-Mix an die Besonderheiten der NPO vor. Das „Freiburger Modell des Nonprofit-Marketing" beinhaltet „6 P's"[24]:

(1) People	=	Personalpolitik
(2) Performance	=	Leistungspolitik
(3) Price	=	Preis-/Gegenleistungspolitik
(4) Politics	=	Umfeldpolitik, Interessenvertretung
(5) Place	=	Vertriebspolitik
(6) Promotion	=	Kommunikationspolitik

---

[22] (Bruhn, 2005 S. 33)
[23] (Salamon, et al., 1994)
[24] (Schwarz, et al., 2002 S. 233 ff.)

Diese erweiterte Fassung betrachtet jedoch vorrangig den Absatz von Leistungen, nicht aber die für NPO als Grundlage für die Leistungserbringung ebenso wichtige Beschaffung von personellen und finanziellen Ressourcen[25].

Bruhn fasst die Aufgaben des Non-Profit-Marketings als umfassende Aufgabe des Managements in NPO wie folgt zusammen:

> *„Nonprofit-Marketing ist eine spezifische Denkhaltung. Sie konkretisiert sich in der Analyse, Planung, Umsetzung und Kontrolle sämtlicher interner und externer Aktivitäten, die durch eine Ausrichtung am Nutzen und den Erwartungen der Anspruchsgruppen (z. B. Leistungsempfänger, Kostenträger, Mitglieder, Spender, Öffentlichkeit) darauf abzielen, die finanziellen, mitarbeiterbezogenen und insbesondere aufgabenbezogenen Ziele der Nonprofit-Organisation zu erreichen."*[26]

3. Marketing-Ziele der Non-Profit-Organisationen

Da die beiden Grundziele „Mission" und „Wirtschaftlichkeit" einer NPO häufig in Konkurrenz zueinander stehen, müssen die Ziele des Marketings für NPO speziell definiert und priorisiert werden. Es bietet sich an, diese Ziele in ressourcen-, leistungs- und kommunikationsorientierten Zielen zusammenzufassen[27].

3.1. Ressourcenziele

Die Notwendigkeit der Ressourcenbeschaffung besteht für Non-Profit-Organisationen in vielerlei Hinsicht. Es umfasst nicht nur die Beschaffung finanzieller Ressourcen, sondern auch Humankapital in Form ehren- und hauptamtlicher Mitarbeiter, technologische Ressourcen und Know-How. Vor allem die wachsenden Qualitätsanforderungen stellen eine Herausforderung für die NPO hinsichtlich der personellen und materiellen Ausstattung sowie deren Finanzierbarkeit dar. Daher gewinnt die Beschaffung von Ressourcen vor dem Hintergrund der Wettbewerbsfähigkeit und Marktstellung zunehmend an Bedeutung[28].

NPO können sich i. d. R. nicht durch die Leistungserbringung und deren Verkauf am Markt finanzieren und sind daher auf zusätzliche finanzielle Mittel durch Spenden, öffentliche Zuschüsse, Mitgliedsbeiträge usw. angewiesen. Die Haupteinnahmequelle der

---

[25] vgl. (Bruhn, 2005 S. 293)
[26] (Bruhn, 2005 S. 63)
[27] vgl. (Bruhn, 2005 S. 293)
[28] vgl. (Bruhn, 2005 S. 162 f.)

NPO in Deutschland liegt - begründet durch das Subsidiaritätsprinzip - in den Mitteln der öffentlichen Hand[29], jedoch werden private Spenden angesichts der Kürzungen in den staatlichen und kommunalen Budgets sowie der konjunkturellen Entwicklung künftig an Bedeutung gewinnen[30]. Da NPO zwar nicht gewinnorientiert arbeiten, aber zur Kostendeckung und für Investitionen auf die Erwirtschaftung von Überschüssen angewiesen sind, hat die Beschaffung finanzieller Ressourcen in Form von öffentlichen Zuschüssen und mehr noch Spendern und Mitgliedsbeiträgen neben der eigentlichen Leistung einen hohen Stellenwert in der Zielbeschreibung der NPO[31].

Weiterhin ist die Gewinnung haupt- und ehrenamtlicher Mitarbeiter ein wichtiger Bereich der Ressourcenbeschaffung. Hier bestehen die größten Probleme darin, gut ausgebildete und motivierte Mitarbeiter zu finden und zu halten. Das Qualitätsempfinden von Leistungsempfängern und die Spendenbereitschaft hängen nicht zuletzt vom Auftreten, Motivation sowie der sozialen und fachlichen Kompetenz der haupt- und ehrenamtlichen Mitarbeiter ab. Zentrale Bedeutung bei der personellen Ressourcenbeschaffung kommt dabei der Gewinnung ehrenamtlicher Mitarbeiter zu. Diese müssen jedoch häufig erst über ihre Möglichkeiten für ein ehrenamtliches Engagement informiert werden, was von vielen, insbesondere kleinen NPO versäumt wird. Mit der Größe der NPO, dem Organisationsgrad und der Leistungsvielfalt wächst zumeist auch der Bedarf an hauptamtlichem Personal, das ebenfalls von der Mission überzeugt und zur Mitarbeit motiviert sein muss, um die Aufgaben zielgerecht zu erfüllen. Ehren- wie hauptamtliche Mitarbeiter müssen kontinuierlich weitergebildet werden, und es muss durch Einarbeitungs-, begleitende und betreuende Maßnahmen ein Organisationsklima geschaffen werden, das ein Miteinander von ehren- und hauptamtlichen Mitarbeitern ermöglicht und fördert[32].

Einen wichtigen Anteil an der Leistungserstellung haben technologische Ressourcen, die für die meisten NPO unbedingte Voraussetzung für die Erfüllung der in sie gesetzten Erwartungen sind. Meist sind die NPO jedoch finanziell nicht in der Lage, die benötigten Ressourcen wie leistungsfähige EDV- und Telekommunikationsausstattung, Transport- oder andere technische Hilfsmittel, zu Marktpreisen einzukaufen und daher darauf angewiesen, diese über Spenden von Unternehmen oder Privatpersonen zu finan-

---

[29] vgl. Tabelle 1, (Vilain, 2002 S. 2)
[30] vgl. (Bruhn, 2005 S. 76 f.)
[31] vgl. (Bruhn, 2005 S. 161 f.)
[32] vgl. (Bruhn, 2005 S. 84 ff.)

zieren, Sonderkonditionen, Rabatte oder Rahmenverträge auszuhandeln oder die benötigten Ressourcen im Rahmen von Kooperationen mit Unternehmen oder anderen NPO zu beschaffen[33].

In enger Verbindung mit der Beschaffung personeller und technologischer Ressourcen steht auch die Beschaffung von Know-How. Oftmals ist zur Nutzung von Maschinen oder der Verwendung spezieller EDV-Ausstattung entsprechendes Anwenderwissen erforderlich, das über zunächst meist externe Ressourcen intern aufgebaut werden muss. Weitere erfolgsbestimmende Know-How-Bereiche sind beispielsweise fachspezifisches Wissen zur Aus- und Fortbildung der Mitarbeiter sowie zur Beantwortung juristischer oder ökonomischer Probleme[34].

3.2. Leistungsziele

Die Leistungsziele der NPO sind direkt abhängig von deren Mission sowie den betroffenen Anspruchsgruppen[35]. Zur Bestimmung der Leistungsziele ist es erforderlich, zunächst einen Leistungskatalog[36] zu erstellen, um sämtliche relevanten Leistungen zu berücksichtigen. Diese Leistungen können beispielsweise sein: Beratungsgespräche einer Sozialstation, Bettenauslastung eines Krankenhauses, Aufführungen eines Theaters oder Kurse einer Bildungseinrichtung[37].

3.3. Kommunikationsziele

Zu den Kommunikationszielen einer NPO zählen insbesondere Beeinflussungs- und Imageziele; dazu sind alle Maßnahmen der NPO geeignet, die direkten oder indirekten Einfluss auf Kunden, Leistungsempfänger, Sponsoren und Subventionsgeber sowie die Öffentlichkeit haben[38]. Neben externen kommunikativen Maßnahmen sowie der Leistungsabgabe sind dies auch Maßnahmen der internen Kommunikation, da „gut funktionierende innerverbandliche Kommunikation bewirkt, dass die Sacharbeit gewinnt, die Identifikation und Motivation der Mitarbeiter sich erhöhen und als effektive PR nach außen wirken."[39]

---

[33] vgl. (Bruhn, 2005 S. 87 f.)
[34] vgl. (Bruhn, 2005 S. 89)
[35] vgl. (Scheuch, 1999 S. 245)
[36] vgl. Abbildung 1
[37] vgl. (Bruhn, 2005 S. 159 f.)
[38] vgl. (Scheuch, 1999 S. 246)
[39] (Malteser Hilfsdienst e.V., 2008 S. 4)

Beeinflussungsziele beinhalten dabei Änderungen im Denken und Handeln der Zielgruppen und können je nach Mission der NPO unterschiedlich bedeutsam sein. Diese lassen sich in vier Kategorien einteilen: Kognitive Veränderungen sind Veränderungen des Informationsstandes einer Zielgruppe (z. B. über die Übertragbarkeit bestimmter Erkrankungen) und lassen sich relativ einfach bewirken, da sie keiner Verhaltensänderung bedürfen. Kurzfristige Verhaltensänderungen (z. B. einmalige Spende, Teilnahme an einer Veranstaltung) lassen sich dagegen bereits schwieriger bewirken; die Einmaligkeit und Kurzfristigkeit der Verhaltensänderung sind jedoch häufig ausschlaggebend für die Entscheidung. Langfristige Verhaltensänderungen zielen dagegen auf die Änderung eingefahrener Verhaltensweisen (z. B. Einschränken des Nikotinkonsums, Veränderung der Fahrweise). Als letzte Kategorie sind Werteänderungen zu nennen, die auf die Veränderung von durch Erziehung und Umwelt geprägten Einstellungen (z. B. Einstellung gegenüber Atomkraft) abzielen[40].

Das Image einer NPO ist „ein mehrdimensionales Konstrukt, das die subjektiven Assoziationen und Bewertungen in ganzheitlicher Form zusammenfasst. Das Image kann sowohl aus sprachlichen, als auch aus bildlichen Teilen bestehen. Dem Image vorgelagert ist die Bekanntheit"[41]. „Doch Bekanntheit alleine genügt nicht, solange das Profil [einer Organisation] unscharf bleibt"[42]. Ziel der Imagebildung ist es, besondere Eigenschaften gegenüber den Mitbewerbern herauszustellen und so als einzigartig wahrgenommen zu werden. Weiterhin wichtig, insbesondere für NPO, ist das Vertrauen der Anspruchsgruppen. Dies sollte sich ebenfalls im Image wiederspiegeln[43].

4. Marketing-Methoden der Non-Profit-Organisationen

4.1. Personalpolitik (People)

Personalpolitik in NPO stellt auf Grund der häufig vorliegenden Besonderheiten in der Personalstruktur besondere Herausforderungen für das Management dar. Die Koexistenz von haupt- und ehrenamtlichen Mitarbeitern, sowie darüber hinaus häufig auch nebenamtlichen Mitarbeitern (z. B. als Betreuer, Ausbilder, Übungsleiter, i. S. d. § 3 Nr. 26 EStG), Zivildienstleistenden und „FSJlern" (Teilnehmer am Freiwilligen Sozialen Jahr) sowie so genannten „MAE-Kräften" oder „Ein-Euro-Jobbern" (im Rah-

---
[40] (Bruhn, 2005 S. 160 f.)
[41] (Meffert, et al., 2008 S. 703)
[42] (Braunberger, 2006)
[43] (Bruhn, 2005 S. 163 f.)

men der „Arbeitsgelegenheit mit Mehraufwandsentschädigung" nach § 16 (3) SGB II) in ihrer jeweiligen Kombination muss bei der Gestaltung der Rahmenbedingungen besondere Berücksichtigung finden[44]. Personalpolitik umfasst dabei alle Maßnahmen zur Gewinnung, Entwicklung und Steuerung des vorhandenen Personals, jeweils angepasst an die jeweiligen Mitarbeitergruppen.

Insbesondere bedeutsam für die Mitarbeitergewinnung sind haupt- und ehrenamtliche sowie nebenberufliche Mitarbeiter, da Zivildienstleistende und „FSJler" sowie „MAE-Kräfte" mehrheitlich über Eintragung in die bei den zuständigen Ämtern (Bundesamt für Zivildienst, Bundesministerium für Familie, Soziales, Frauen und Jugend (BMFSFJ) und Agentur für Arbeit) geführten Stellenlisten gewonnen werden. Angesichts der Entwicklungen in den letzten Jahren liegt dabei der Schwerpunkt in der Gewinnung ehrenamtlicher Mitarbeiter, da die Bereitschaft zur ehrenamtlichen Mitarbeit zwar zu-, die Zahl der ehrenamtlichen Mitarbeiter dagegen aber abgenommen hat[45]. Ursache dafür ist häufig, dass die Möglichkeiten ehrenamtlichen Engagements nicht oder nicht hinreichend bekannt sind. Besondere Aufgabe der Personalpolitik in NPO ist also die Kommunikation von Möglichkeiten für ehrenamtliches Engagement[46]. Dazu bedienen sich die NPO einer Vielzahl an Instrumenten, beispielsweise persönlicher Ansprache bei Veranstaltungen und im Rahmen der Leistungserbringung, Aushängen an öffentlichen Orten, der Eintragung bei Ehrenamtsagenturen, Stellenanzeigen[47] sowie zunehmend auch des Internet. Einen neuen Weg stellt dabei das sog. „Corporate Volunteering" oder „Community Involvement Programme" dar, bei dem Mitarbeiter von Unternehmen sich ehrenamtlich bei NPO engagieren und dafür vom Unternehmen freigestellt werden[48].

Wichtig bei der Personalakquise ist die Bedeutung der sog. „Soft Skills", beispielsweise sozialer Kompetenz, Empathie, Teamfähigkeit, Flexibilität, Belastbarkeit und Toleranz[49], die neben der fachlichen Qualifikation besonders in den operativen Bereichen von NPO zentrale Bedeutung haben.

Personalentwicklungsmaßnahmen umfassen alle bildungs- und stellenbezogenen Maßnahmen wie Aus- und Weiterbildung der Mitarbeiter, Verwendungsplanung und Stell-

---

[44] vgl. (Bruhn, 2005 S. 294)
[45] vgl. (Nährlich, et al., 1993 S. 7)
[46] vgl. (Bruhn, 2005 S. 85)
[47] vgl. Abbildung 2
[48] vgl. (Malteser Hilfsdienst e.V., 2008 S. 8)
[49] vgl. (Bruhn, 2005 S. 296)

vertreterregelungen. In einigen Bereichen sind hier Vorgaben des Gesetzgebers zu beachten, die direkt oder indirekt die Vorgaben zur Qualifikation haupt- und ehrenamtlicher Mitarbeiter beeinflussen. Als Beispiele sind hier die Rettungsdienstgesetze der Länder und die Sozialgesetzgebung zu nennen. Einige NPO bieten in eigenen Akademien oder Instituten Möglichkeiten zur Aus- und Weiterbildung für haupt- und ehrenamtliche Mitarbeiter an[50] (z. B. Malteser- und Johanniter-Akademie für die Fachbereiche Management, Finanzen/Controlling, Recht, Kommunikation/Gesprächsführung, Arbeitsorganisation, QM, Organisationsentwicklung, Malteser-Schulen für Ausbildungen im operativen Bereich, Landesschulen des Deutschen Roten Kreuzes). Zusätzlich existieren Studiengänge an vielen deutschen Hochschulen (z. B. Rettungsingenieurwesen, Entwicklungshilfe, Pflegemanagement), in denen Fach- und Führungskräfte für die spezifischen Arbeitsfelder und Anforderungen der NPO qualifiziert werden.

Mitarbeiterführung in NPO umfasst sowohl für ehren- als auch hauptamtliche Mitarbeiter die Aspekte Kommunikation und Konfliktmanagement. Zur Kommunikation zählen dabei die Vermittlung der fachlichen und organisatorischen Informationen ebenso wie Rückmeldungs- und Entwicklungsgespräche. Ziel der Gespräche ist vor allem auch die Vermittlung des Organisationsziels im Sinne von Verhaltensbeeinflussung und konkreten Handlungsanweisungen. Rückmeldungs- und Entwicklungsgespräche als stattfindende Instrumente der Mitarbeiterführung haben sich auch bei NPO zu wichtigen Führungsinstrumenten entwickelt. In den üblicherweise jährlich stattfindenden Gesprächen sollen das Verhalten des Mitarbeiters beurteilt und in Form von Anerkennung oder Kritik erörtert sowie die Entwicklungsperspektiven aus Sicht des Mitarbeiters und des Vorgesetzten thematisiert werden[51]. Weiterhin liegt ein großer Schwerpunkt der Mitarbeiterführung in NPO im Management von Konflikten vor allem zwischen haupt- und ehrenamtlichen Mitarbeitern, die zumeist aus Macht- und Informationsproblemen (auf Führungsebene) sowie Anerkennungskonflikten und Konkurrenzängsten (auf ausführender Ebene) heraus entstehen[52].

Personalpolitik als interne Marketingmaßnahme mit Auswirkung auch auf externe Bereiche ist wichtiger Bestandteil des Marketings einer NPO, wie das folgende Rechenbeispiel zeigt:

---

[50] vgl. (Bruhn, 2005 S. 302 ff.)
[51] vgl. (Bruhn, 2005 S. 300 f.)
[52] vgl. (Bruhn, 2005 S. 301 f.)

„*Auf 100 Mitarbeiter kommen mindestens 300 den Maltesern eng verbundene Familienangehörige. Unterstellt man diesen 300 Personen jeweils zehn Freunde, haben wir eine Gruppe von 3.000 Menschen, die sich leicht für die Maltester Arbeit gewinnen lässt. Macht bei 35.000 Mitgliedern insgesamt 1.050.000 Menschen.*"[53]

4.2. Leistungspolitik (Performance)

Leistungspolitik als Marketinginstrument von NPO setzt sich zusammen aus Leistungsprogrammpolitik zur Gestaltung und Zusammensetzung des Leistungsangebotes sowie der Markenpolitik zur Identitätsbildung und -erkennung[54].

Grundsätzlich lassen sich die Leistungen von Non-Profit-Organisationen bereits aus der Mission ableiten. Im Rahmen der Leistungsprogrammpolitik stehen hier die Fragen nach Leistungsinnovation, -variation und –elimination, ausgerichtet an den Bedürfnissen der Anspruchsgruppen im Vordergrund. Das Leistungsprogramm umfasst dabei alle Leistungen oder Produkte, die die Organisation den Anspruchsgruppen anbietet[55].

Leistungsinnovation besteht dabei häufig in neuen Zusatzleistungen, da bei vielen NPO (z. B. Björn-Steiger-Stiftung, DRF Luftrettung, Deutsche Gesellschaft zur Rettung Schiffbrüchiger) die Leistung bereits vorgegeben und daher Innovation nur in sehr engen Grenzen möglich ist. Darüber bedarf eine Innovation insbesondere bei NPO des öffentlich-rechtlichen Bereiches (z. B. Rundfunkanstalten, Sozialversicherungsträger, Kommunalverwaltung) oft einer Gesetzesänderung, da ist die Leistung durch den Gesetzgeber bestimmt ist[56].

Leistungsvariation dagegen ist oft in größerem Umfang möglich und bezieht sich immer auf die Leistung selbst, aber nicht auf das Leistungsprogramm. Möglich sind sowohl Veränderungen im Sinne einer Verbesserung der Leistung als auch einer Reduzierung des Leistungsumfanges. Diese. Beispiele dafür sind:

- Zusatzleistungen (Überprüfung und Auffüllen des Verbandkastens im Erste Hilfe-Kurs)

---

[53] (Malteser Hilfsdienst e.V., 2008 S. 4)
[54] vgl. (Bruhn, 2005 S. 334)
[55] vgl. (Meffert, et al., 2008 S. 400 f.)
[56] vgl. (Bruhn, 2005 S. 335 f.)

- Einbeziehung des Leistungsempfängers in den Erstellungsprozess (Übernahme von Pflegeleistungen durch Angehörige bei der häuslichen Pflege, Abholservice für Theaterbesucher)
- Automatisierung (Übertragung medizinischer Daten über das Internet)
- Veredelung (E-Learning als Alternative zum theoretischen Teils des Erste Hilfe-Kurses)
- zeitliche Veränderung des Leistungsprozesses (Veränderung von Öffnungszeiten)[57]

Leistungselimination dagegen ist aus dem vorgenannten Grund der Leistungsbestimmung durch die Mission der NPO häufig ebenfalls nicht oder nur begrenzt möglich. Weitere Argumente gegen Leistungselimination können Imagegründe (Polizeireiterstaffeln), Synergieeffekte mit anderen Leistungen (z. B. Pflege- und Mahlzeitendienst), soziale Gründe (bestimmte Fachabteilungen in Krankenhäusern) oder gesetzliche Bestimmungen (Leistungen von Behörden) sein. Eliminationsentscheidungen in NPO sollten nur unter Berücksichtigung aller qualitativen (Änderungen in Bedarfs- und Wettbewerbsstruktur, eigene Leistungsfähigkeit, Imageverlust) und quantitativen (Nachfrage, Wettbewerb, Wirtschaftlichkeit) getroffen werden[58].

Markenpolitik als „Vertrauensanker"[59] dient besonders bei NPO der Differenzierung von anderen Anbietern, der Profilbildung und Steigerung des Bekanntheitsgrades. Besonders bei den häufig schwer messbaren Leistungen der NPO ist eine starke und bekannte Marke Indikator für die zu erwartende Qualität der Leistung[60]. Für NPO sind verschiedene Markenstrategien möglich: Dachmarken-, Markenfamilien-, Einzelmarken-, Mehrmarken-, Markentransferstrategie und Co-Branding. Am häufigsten ist im Non-Profit-Sektor die Dachmarkenstrategie anzutreffen, wohingegen Einzel- und Mehrmarkenstrategie kaum zur Anwendung kommen.[61]

Dachmarkenstrategien sind dadurch gekennzeichnet, dass alle Leistungen der NPO unter einem Namen ausgeführt werden. So haben beispielsweise die Malteser zu Beginn des Jahres 2008 alle Leistungen des Gesamtkonzerns unter der Marke „Malteser" zusammengeführt. Ziel war die Umsetzung eines klaren Profils sowie die Etablierung ei-

---

[57] vgl. (Bruhn, 2005 S. 336 ff.)
[58] vgl. (Bruhn, 2005 S. 342)
[59] (Bruhn, 2005 S. 343)
[60] vgl. ebd.
[61] vgl. (Bruhn, 2005 S. 344)

nes klaren, deutlichen Images über alle Dienstbereiche[62]. Weitere Beispiele für Dachmarkenstrategien bieten die meisten städtischen Energieversorger, Greenpeace, die DRF Luftrettung und der Deutsche Skiverband. Markenfamilien verbinden mehrere Leistungen einer Leistungskategorie. Hier ist als Beispiel die „Action Misereor" als Markenfamilie für alle karitativen Auslandsprojekte der katholischen Kirche zu nennen. Einzelmarkenstrategien zielen auf den Eintritt eines Produktes unter einem eigenen Markennamen ab, wobei die Organisation als Leistungsersteller nicht in Erscheinung tritt. Diese und die Mehrmarkenstrategie, bei der die Organisation mit mindestens zwei unabhängigen Produkten am Markt vertreten ist, sind für Non-Profit-Organisationen von untergeordneter Bedeutung, da zumeist die Vermarktung einer Leistung ohne direkten Bezug auf die Organisation nicht sinnvoll oder nicht möglich ist. Markentransfer dient dem (positiven) Imagetransfer einer bekannten Marke auf neue, der Ursprungsmarke naheliegende Leistungen. So hat etwa das „Fair-Handelshaus gepa" die Marke von fair gehandelten Produkten auf faire Geldanlagen erweitert. Als Co-Branding oder Markenallianz bezeichnet man das gemeinsame Auftreten zweier oder mehrerer Marken zum gemeinsamen Imagetransfer und der Nutzung von Synergieeffekten. Beispiele sind die ADAC-Visa-Card und die Gothaer Wassersportversicherung in Kooperation mit der DLRG.

Damit eine Marke wirksam am Markt platziert werden kann, sind ein einprägsamer Markenname mit Markenzeichen sowie ein Slogan als Träger der Leitidee entscheidende Faktoren. Vor allem an Märkten mit großem Wettbewerb ist die Marke wichtiges Mittel, um Einzigartigkeit und Besonderheit der Organisation und ihrer Leistung zu vermitteln.[63]

4.3. Preispolitik (Price)

Als Preis- oder Gegenleistungspolitik bezeichnet man alle Maßnahmen zur Vereinbarung zwischen dem Nachfrager und dem Anbieter über das Entgelt des Leistungsangebots[64]. Zusammenfassend kann man die Formen der Entgelte für Leistungen von NPO wie folgt kategorisieren:

- Direkte (kostendeckende) Entgeltlichkeit auf Basis betriebswirtschaftlicher Kalkulationen

---

[62] vgl. (Hucko, 2006)
[63] vgl. (Bruhn, 2005 S. 343 ff.)
[64] vgl. (Eschenbach, et al., 2003 S. 129)

- Indirekte Abgeltung bei kostenfreier Leistung an den Empfänger und Refinanzierung über andere Wege
- Nichtdeckende Gebühren und Tarife, Abdeckung der Restbeträge durch Sponsoring oder öffentliche Subventionierung
- Mischsysteme von Gratisleistungen, vergünstigten und entgeltlichen Bezugsformen[65]

Die Leistungsabgabe muss also nicht immer entgeltlich oder kostendeckend erfolgen, Gegenleistungen können auch Arbeitsleistung oder die Bereitstellung materieller Ressourcen sein. Bei entgeltlicher Leistungsabgabe ist die Preisfindung häufig (z. B. bei Krankenhäusern, Pflege- und Rettungsdiensten) an gesetzliche Vorgaben gebunden oder an sozialen Überlegungen (z. B. Beratungsleistungen von Schuldnervereinen oder Sozialstationen) orientiert. In anderen Fällen müssen bei Überlegungen zur Preispolitik auch die Kosten- und Konkurrenzsituation, der Wert der abgegebenen Leistung, strategische Entscheidungen und möglicherweise vorhandene Kriterien zur Preisdifferenzierung (Kinder-, Studenten-, Seniorentarife für den Eintritt in Museen) mit einbezogen werden.

4.4. Umfeldpolitik (Politics)

Als Umfeldpolitik bezeichnet man die sogenannte „Lobbyarbeit", also den Aufbau von Beziehungen zu Politik, Wirtschaft und Öffentlichkeit, um die eigenen Interessen zu vertreten und zu vermarkten, sowie auf Entscheidungsprozesse einzuwirken[66]. Dazu gehört ebenfalls die Kooperation mehrerer NPO, um eine gemeinsame Vertretung der Interessen bei Politik und Wirtschaft zu erreichen[67]. So stellen beispielsweise der Deutsche Paritätische Wohlfahrtsverband als Spitzenverband der freien Wohlfahrtspflege und der Deutsche Olympische Sportbund als Sportdachverband Lobbygruppen dar.

4.5. Vertriebspolitik (Place)

Die Vertriebspolitik dient der Verteilung von Leistungen vom Anbieter zum Leistungsempfänger[68] und umfasst damit sowohl akquisitorische als auch logistische Aufgaben[69]. Ziel der Vertriebspolitik ist die Bereitstellung von Leistungen am richtigen Ort, zur richtigen Zeit und im richtigen Umfang[70]. Akquisitorische Aufgaben sind dabei die In-

---

[65] vgl. (Scheuch, 1999 S. 254)
[66] vgl. (Scheibe-Jaeger, 1998 S. 74)
[67] vgl. (Eschenbach, et al., 2003 S. 519)
[68] vgl. (Meffert, et al., 2008 S. 562)
[69] vgl. (Eschenbach, et al., 2003 S. 122)
[70] vgl. (Bruhn, 2005 S. 370)

formation der Leistungsempfänger sowie Maßnahmen, zur Inanspruchnahme der Leistung. Logistische Aufgaben umfassen die Entscheidungen über den Ort der Leistung oder den Transfer der Leistung zum Empfänger sowie die Lagerung der Leistungsbestandteile. Vor dem Hintergrund der Besonderheiten von NPO liegt die besondere Schwierigkeit in der permanenten Leistungsfähigkeit (z. B. für Organisationen der Notfall- und Katastrophenhilfe) sowie der Integration des Leistungsempfängers in die Leistungserstellung, da die Leistungen zumeist direkt am Empfänger (z. B. Pflegeleistungen) ausgeführt werden und der Empfänger zum Leistungserbringer (Pflegeheim) oder umgekehrt der Leistungserbringer zum Empfänger (häuslicher Pflegedienst) kommen muss. Daraus resultieren zielgruppenspezifische Standortentscheidungen, die für den Erfolg einer NPO von ausschlaggebender Bedeutung sein können.

4.6. Kommunikationspolitik (Promotion)

Kommunikationspolitik umfasst alle Maßnahmen zur Darstellung der NPO und ihrer Leistungen bei den relevanten Anspruchsgruppen oder die Interaktion mit den Anspruchsgruppen[71]. Dazu gehören sowohl die Maßnahmen der externen (mit den Leistungsempfängern) als auch die der internen (mit den Mitarbeitern) Kommunikation sowie indirekte Kommunikation über die Mitarbeiter nach außen.

Als Mittel der Kommunikation kommen sowohl klassische Medienwerbung[72] als auch Direktmarketing und Direktkontakte bei Veranstaltungen in Frage, zusätzlich Öffentlichkeitsarbeit für die Organisation insgesamt sowie die Bewerbung einzelner Leistungsbereiche[73]. Diese lassen sind grundsätzlich in drei, sich allerdings überschneidende Kategorien einteilen: institutionelle Kommunikation dient der Prägung des Erscheinungsbildes einer NPO sowie deren eindeutiger Positionierung. Als Marketingkommunikation bezeichnet man Maßnahmen zur Bekanntmachung der Leistungen einer NPO, während die Dialogkommunikation der Intensivierung des Kontaktes zu den Anspruchsgruppen, um deren sich verändernden Bedürfnisse zu erkennen und zu befriedigen[74].

Der Auswahl des Kommunikationsmittels sollte eine geeignete Werbeplanung vorangehen, die sich intensiv mit den Kommunikationszielen, dem Gegenstand der Werbemaß-

---

[71] vgl. (Bruhn, 2005 S. 384)
[72] Vgl. Abbildung 3
[73] vgl. (Scheuch, 1999 S. 255)
[74] vgl. (Bruhn, 2005 S. 400 f.)

nahme und den daraus resultierenden Planungsschritten befasst[75]. So können die Ziele sowohl rein kognitiv, also auf Information, Aufmerksamkeit und Erinnerung beschränkt bleiben, sich aber durchaus auch auf die Gefühlswirkung, die Einstellung des Kommunikationspartners oder dessen Interesse an der Organisation sowie deren Image beziehen. Weitere Ziele der Kommunikation können das Auslösen bestimmter Handlungen, die Veränderung des Kommunikations- oder des Weiterempfehlungsverhaltens sein[76].

Grundlegend für die Durchführung einer Werbemaßnahme ist die dabei verfolgte Strategie. Diese kann als Bekanntmachungs-, Informations-, Profilierungs-, Abgrenzungs-, Zielgruppenerschließungs- oder Kontaktanbahnungsstrategie ausgelegt sein und definiert so die verwendeten Kommunikationsmittel[77].

Ein weiterer Aspekt der Kommunikationspolitik ist das Corporate Identity als „abgestimmtes Erscheinungsbild"[78] der NPO. Dieses Erscheinungsbild umfasst alle Objekte, mit denen die NPO sich nach außen darstellt. Beginnend bei Logos und Drucksachen (Briefbögen, Broschüren, usw.) über die Gestaltung der Diensträume und Dienstkleidung über das Auftreten der Mitarbeiter bis hin zu den genutzten Fahrzeugen und sonstigen Materialien sind dies alles wirksame Marketinginstrumente, die „deutliches und merkfähiges Bild"[79] der Organisation vertreten und ihre Ziele vermitteln. Grundlage des Corporate Identity sind die Teilbereiche Corporate Design (Einsatz visueller Aspekte der Erscheinung), Corporate Communications (strategisch geplante Kommunikationsmaßnahmen der NPO) und Corporate Behaviour (Verhalten der Mitarbeiter).

5. Fazit/Ausblick

Zusammenfassend ist zu sagen, dass Marketing für NPO mehrdimensional und umfassend sein muss[80]. Es muss den NPO dazu dienen, „in der Sprache und im Verständnis unserer Zeit auf den Punkt zu bringen [bringt], was ihnen jetzt wichtig ist und worum es ihnen in der Zukunft geht."[81] Umso mehr ist Marketing Managementaufgabe, als es den NPO der Ressourcenbeschaffung und Leistungserbringung und –vermarktung gleichermaßen dient. Über ein stringentes Marketingkonzept wird „ein qualitativer Anspruch

---

[75] vgl. (Eschenbach, et al., 2003 S. 114 ff.)
[76] vgl. (Bruhn, 2005 S. 388 ff.)
[77] vgl. (Bruhn, 2005 S. 395 ff.)
[78] (Kotler, et al., 2002 S. 754)
[79] (Deutsche Malteser gGmbH, 2007 S. 5)
[80] vgl. (Scheuch, 1999 S. 255)
[81] (Heereman, 2008)

und eine strategische Ausrichtung"[82] transportiert, die so sowohl nach innen als auch nach außen wirken.

Zukünftig werden NPO verstärkt auf Marketinginstrumente zurückgreifen, um auf Veränderungen ihres Umfeldes reagieren zu können. Zunehmende Professionalisierung im Dienstleistungsbereich und Legitimationsdruck hinsichtlich wirtschaftlicher Fragen erfordern Information und Kommunikation, die Schnelllebigkeit elektronischer Medien ein Mithalten und die veränderten Marktbedingungen durch privatwirtschaftliche Unternehmen - auf Grund der Marktliberalisierung auch aus dem Ausland – verstärkte Kooperationsbereitschaft und Lobbying, auch auf europäischer Ebene[83].

---

[82] (Heereman, 2008)
[83] vgl. (Eschenbach, et al., 2003 S. 515 ff.)

Anhang

Literaturverzeichnis

American Marketing Association. 2007. Definition of Marketing - American Marketing Association. [Online] Oktober 2007. [Zitat vom: 30. Oktober 2008.] http://www.marketingpower.com/AboutAMA/Pages/DefinitionofMarketing.aspx?sq=de finition#.

Anheier, Helmut K. und Seibel, Wolfgang. 1993. *"Defining the Nonprofit Sector: Germany" Working Papers of the Johns Hopkins Comparative Nonprofit Sector Project, no. 6.* Baltimore : The Johns Hopkins University Institute for Policy Studies, 1993.

—. **1999.** Der Nonprofit Sektor in Deutschland. [Hrsg.] Christoph Badelt. *Handbuch der Nonprofit Organisation.* Stuttgart : Schäffer-Poeschel, 1999.

Braunberger, Gerald. 2006. Wohlfahrtsorganisationen: Die Wohltäter holen McKinsey zur Hilfe. [Online] F.A.Z. Electronic Media GmbH, 26. Dezember 2006. [Zitat vom: 23. September 2008.] http://www.faz.net/s/RubD16E1F55D21144C4AE3F9DDF52B6E1D9/Doc~EB299DD E85C76448DA074B503B8C48065~ATpl~Ecommon~Scontent.html.

Bruhn, Manfred. 2005. *Marketing für Nonprofit-Organisationen.* Stuttgart : Kohlhammer, 2005.

Deutsche Malteser gGmbH. 2007. Corporate Design Manual. 2007.

Eschenbach, Rolf und Horak, Christian, [Hrsg.]. 2003. *Führung der Nonprofit-Organisation.* Stuttgart : Schäffer-Poeschel, 2003.

Heereman, Johannes Freiherr. 2008. Aus Tradition Modern. *Rheinischer Merkur.* 28. Januar 2008.

Hucko, Dirk. 2006. Die neue Markenpositionierung der Malteser in Deutschland. [Hrsg.] Malteser Hilfsdienst e.V. *Malteser Magazin.* Dezember 2006.

Kotler, Philip, et al. 2002. *Grundlagen des Marketing.* München : Pearson Education, 2002.

Malteser Hilfsdienst e.V. 2008. Arbeitshilfe SocialDay. Köln : s.n., März 2008.

—. 2008. Kommunikation & PR - Kompendium Malteser Hilfsdienst. Köln : s.n., 2008.

Meffert, Heribert, Burmann, Christoph und Kirchgeorg, Manfred. 2008. *Marketing.* Wiesbaden : Gabler, 2008.

Meyers Lexikon online. 2008. Selbstverwaltung. [Online] Bibliographisches Institut & F. A. Brockhaus AG, 12. September 2008. [Zitat vom: 9. November 2008.] http://lexikon.meyers.de/beosearch/permlink.action?pageId=48306163&version=1.

Nährlich, Stefan und Zimmer, Dr. Annette. 1993. Nonprofit Management und Marketing - mehr als Betriebsführung und Marktorientierung. *Zeitschrift für öffentliche und gemeinwirtschaftliche Unternehmen.* 1993, Heft 3.

Salamon, Lester M. und Anheier, Helmut K. 1994. *"Caring Sector or Caring Society? Discovering the Nonprofit Sector Cross-Nationally" Working Papers of the Johns Hopkins Comparative Nonprofit Sector Project, no. 17.* Baltimore : The Johns Hopkins Institute for Policy Studies, 1994.

Scheibe-Jaeger, Angela. 1998. *Finanzierungs-Handbuch für Non-Profit-Organisationen; Fundraising - der Weg zu neuen Geldquellen.* Regensburg, Bonn : Walhalla-Fachverlag, 1998.

Scheuch, Fritz. 1999. Marketing für NPOs. [Hrsg.] Christoph Badelt. *Handbuch der Nonprofit Organisation.* Stuttgart : Schäffer-Poeschel, 1999.

Schwarz, Peter, et al. 2002. *Das Freiburger Management-Modell für Nonprofit-Organisationen (NPO).* Bern : Haupt, 2002.

Vilain, Michael. 2002. Nonprofit-Management - Current Challenges for Personnel Management in German Welfare Organisations. [Hrsg.] ISTR. *Transforming Civil Society, Citizenship and Governance: The Third Sector in an Era of Global (Dis)Order.* [Conference Working Papers]. Capetown Conference : s.n., 7-10. Juli 2002. Bd. III.

Tabelle 1: Der dritte Sektor in Deutschland 1995

(The Johns Hopkins Comparative Nonprofit Sector Project (www.jhu.edu/cnp))

The civil society sector at a glance: Germany, 1995

Field	Employ-ment	Volun-teers	Expendi-tures	Revenue from: Govern-ment	Revenue from: Philan-thropy	Revenue from: Fees	Total revenue millions*
Culture and recreation	5%	33%	9%	20%	13%	66%	12,232
Education and research	11%	1%	9%	75%	2%	23%	12,281
Health	30%	7%	35%	94%	0%	6%	47,566
Social services	38%	8%	26%	65%	5%	30%	35,929
Environment	1%	5%	1%	22%	16%	62%	1,031
Development and housing	6%	2%	5%	57%	0%	43%	7,545
Civic and advocacy	2%	5%	1%	58%	7%	36%	2,036
Philanthropy	0%	2%	7%	10%	3%	86%	8,972
International activities	1%	2%	1%	51%	41%	8%	837
Religious worship	3%	19%	2%	95%	0%	5%	2,167
Professional and unions	4%	4%	5%	2%	1%	97%	6,972
Not elsewhere classified	-	13%	-	-	-	-	-
Totals:	100% FTE 1,480,850	100% FTE 1,211,474	100% millions* 137,547	65%	3%	32%	137,567
Totals as a percent of:							
Economically active population	3.6%	3.0%					
Gross domestic product			4.0%				

* Local currency
"-" = Data not available

updated: 1/18/2005

Abbildung 1: Leistungskatalog der Ergotherapeutischen Abteilung der Oberlinklinik gGmbH, Potsdam-Babelsberg

(http://www.oberlinhaus.de/klinik-und-gesundheit/oberlinklinik-ggmbh/pflege-und-funktionsdienst/stationen-und-abteilungen/ergotherapie/leistungskatalog/, Zugriff am 11. November 2008)

Startseite   Kontakt   Impressum   Inhalt   Suchbegriff   suchen

OBERLINHAUS
OBERLINKLINIK

| VEREIN OBERLINHAUS | AUSBILDUNG UND BILDUNG | LEBENSWELTEN | KLINIK UND GESUNDHEIT | WIRTSCHAFTS- UND VERWALTUNGSSERVICE |

Startseite - Klinik und Gesundheit - Oberlinklinik gGmbH - Pflege- und Funktionsdienst - Stationen und Abteilungen - Ergotherapie - Leistungskatalog

Oberlinklinik gGmbH
Über uns
Patientenservice
Fachabteilungen
Pflege- und Funktionsdienst
Pflegedienstleitung
Stationen und Abteilungen
Stationen
Funktionsbereiche
Physiotherapie
Ergotherapie
Hygiene
Serviceleistungen

Ausbildung

Reha Zentrum im Oberlinhaus gGmbH

Medizinisches Versorgungszentrum (MVZ) im Oberlinhaus gGmbH

Leistungskatalog der Ergotherapie

- Konditionstraining
- Training der Grobmotorik: Gelenkmobilisation, Kraft
- Training der Feinmotorik/Handfunktion
- Koordinationstraining/Gleichgewichtstraining
- Training von Alltagsaktivitäten: Transfer, Körperpflege, An- und Auskleiden
- Toilettengang etc.
- Hilfsmittelberatung und -schulung
- Gelenkschutzunterweisung / Rückenschule
- Rollstuhl- / Geländetraining
- sensomotorisch-perzeptives Training

Alle Leistungen werden nach ärztlicher Anordnung durchgeführt.

zurück

zurück   nach oben   Druckversion

Abbildung 2: Stellenanzeige des Malteser Hilfsdienstes e.V. Köln für ehrenamtliche Mitarbeit

Malteser Hilfsdienst e.V. Köln

Wir Malteser haben einen klaren Auftrag und einen hohen Qualitätsanspruch an unsere Tätigkeit. Wir sind verlässlich und verantwortungsvoll im Umgang mit den Menschen, mit denen wir zu tun haben.

Wir suchen

Finanzkurator (m/w)

für ca. 5 Wochenstunden auf ehrenamtlicher Basis

Mit einer Affinität zu Zahlen unterstützen Sie die Malteser der Stadt Köln in finanziellen Belangen. Durch Social Marketing akquirieren Sie Finanzmittel zielgerichtet für Projekte im sozialem Bereich, die ohne Spenden nicht realisiert werden können. Sicheres Auftreten in Wirtschaft, Politik und Öffentlichkeit zählt zu Ihren Aufgabenbereichen ebenso wie die Verwaltung der generierten Finanzen.
Auf Sie warten spannende und innovative Projekte, die sich um bedürftige Kölner bemühen. Hierzu zählt u.a. der Malteser Kulturbegleitdienst, Malteser Migranten Medizin oder der Kölner Wohlfühlmorgen für Obdachlose und Arme.

*Die Malteser sind über 700-mal in Deutschland vertreten: mit Einrichtungen der Altenhilfe, mit Krankenhäusern und Hospizarbeit, in der Ersten-Hilfe Ausbildung, im Zivil- und Katastrophenschutz, im Rettungsdienst, in ambulanter Pflege und Betreuung, in verbandlicher Jugendarbeit, in Jugend- und Suchthilfe und in der Gesundheitsförderung. Weltweit ist Malteser International tätig.
Unsere Motivation ist der Cariatsauftrag der katholischen Kirche zum Dienst am Nächsten. Wir engagieren uns für Menschen ... weil Nähe zählt.*

Was Sie erwartet:
* Angemessene Einarbeitung
* Spesenerstattung und Versicherungsschutz
* Möglichkeiten zur privaten Weiterentwicklung
* flexible Arbeitsgestaltung

Was wir erwarten:
* Affinität zu Zahlen
* Kontaktfreude und eigenständiges Organisationsgeschick
* EDV-Kenntnisse (MS-Office)
* Erfahrungen im Bereich Fundraising sind von Vorteil

Haben wir Ihr Interesse geweckt? Dann senden Sie uns bitte Ihre Bewerbungsunterlagen.

Malteser Hilfsdienst e.V.
Stolberger Str. 319; 50933 Köln
Ansprechpartner: Frau Anja Remmert
Tel.: 0221 - 98 22 130
E-Mail: anja.remmert@maltanet.de
www.malteser-stadt-koeln.de

www.malteser.de

Abbildung 3: Beispiele für Medienwerbung von NPO

Plakat- und Anzeigenwerbung der Kampagne „Du bist Deutschland"

Zeitungsfüllanzeige des
JRK-Schulsanitätsdienstes

Plakatanzeige der „Aktion Deutschland Hilft"

Werbeposter des Aktionsbündnisses
„Freie Wahl"

Online-Werbebanner für Malteser-Handysammlung

BEI GRIN MACHT SICH IHR WISSEN BEZAHLT

- Wir veröffentlichen Ihre Hausarbeit, Bachelor- und Masterarbeit

- Ihr eigenes eBook und Buch - weltweit in allen wichtigen Shops

- Verdienen Sie an jedem Verkauf

Jetzt bei www.GRIN.com hochladen und kostenlos publizieren